Ser primavera

Österreichische Botschaft Lima

Primera edición: diciembre, 2019

Título original: *Frühling sein*
© Sophie Reyer, 2018
© de la traducción: Ibon Zubiaur, 2018

© Vaso Roto Ediciones, 2018
España
C/ Alcalá 85, 7º izda.
28009 Madrid

vasoroto@vasoroto.com
www.vasoroto.com

Grabado de cubierta: Víctor Ramírez

Queda rigurosamente prohibida, sin la
autorización de los titulares del *copyright*,
bajo las sanciones establecidas por las leyes,
la reproducción total o parcial de esta obra
por cualquier medio o procedimiento.

ISBN: 978-84-948232-8-2
BIC: DCF

Sophie Reyer
Ser primavera

Traducción de Ibon Zubiaur

Vaso Roto / Ediciones

Frühling sein

Ser primavera

:
Räumung

Ich lasse
eine Stelle aus
für dich

dass das Herzrasen
seine Dichtigkeit
ausbreiten kann

und leg sie
ans Licht   .

:
Desalojo

Me salto
un espacio
para ti

de modo que el césped
del corazón pueda
extender su espesura

y la pongo
a la luz

:
Hoffnung

Auf die Hand vertraut
hingehalten im Wort

das sagt ich zähl
mit dir die Atemzüge bis
jeder davon sein Gesicht
zurück hat das sagt

versprochen

:
Esperanza

Familiar con la mano
tendida en la palabra

dice cuento contigo
las respiraciones hasta que
cada cual recupere
su rostro dice

prometido

:
Klarstellung

Allein ist wieder
vom Platz
aufgestanden

als Einsam und
bleibt in der
Atemspur
hängen:

All

:
Aclaración

Solo ha vuelto a
levantarse
de su sitio

solitario y
se queda
colgado en
el hálito:

Sol

:
Paradigmenwechsel

Seit du
verfärbe ich mich
von Weiß zu Rot zu Herz
kenne mich nicht mehr

aus Breiten

:
Cambio de paradigma

Desde que tú
me demudo
de blanco a rojo a corazón
ya no me conozco

en amplitud

:
Einer

Nahes Nichts
über die Knotenpunkte der Seele gestreut

Einer hat meine Stöpsel gezogen
einer hat mir Knöpfe angenäht
einer ging unter mich wie ein Kind in Sonnenblumenfelder geht
um sich lachend zu verstecken

Einer blieb
und er nahm dem Zwang
die Pfeile und spießte sie mit Schaumröllchen auf
und zog ihm das Hemd aus und darunter war es ganz bunt
und einer ging mit dem nackten Zwang auf den Jahrmarkt
und bewarf ihn mit Gummibärchen bis der Zwang lächelte als
    wär nix

und einer lächelte mit
und blieb
im Hinterzimmer meiner Angst
und spielte da
für immer mit ihr

verstecken

:
Uno

Nada contigua
esparcida por los puntos nodales del alma

Uno se ha puesto mis tapones
uno me ha cosido un botón
uno se me metió debajo como un niño en un campo de girasoles
para esconderse riéndose

Uno se quedó
y le quitó al apremio
las flechas y ensartó con ellas rollitos de espuma
y le quitó la camisa y debajo había colores
y uno se fue a la feria con el apremio desnudo
y le tiró gominolas hasta que el apremio sonrió como si no
    pasara nada

y uno sonrió también
y se quedó
en el cuarto trasero de mi angustia
y jugó allí con ella
para siempre

al escondite

:
Metamorphose

Wie Sand
zerfällt der Zwang
und strömt zur Freiheit hin

Wie Eis
hält die Furcht dir den Finger hin
und wird süß wenn du dran leckst

Wie Tropfen
sickert die Wut in den Bauch ein
und wird einfach wieder heraus gekackt

Schreib eine liste
mit allen Dingen die du in deinem Leben
nicht mehr werden kannst weil du zu alt
falte aus ihr eine Tüte
und spiel damit Flöte
oder bau einen Papierflieger draus
steig auf und wirf dich
in unseren Himmel
damit

Oben
im Wolkengeäst
werd ich

:
Metamorfosis

Como arena
se deshace el apremio
y afluye a la libertad

Como hielo
te tiende el dedo el temor
si lo chupas es dulce

Como gotas
se infiltra la ira en el vientre
para ser simplemente cagada

Escribe una lista
de todas las cosas que ya no podrás ser en tu vida
por ser demasiado mayor
haz con ella un cucurucho
y úsalo como trompeta
o construye un avión de papel
despega y tírate a
nuestro cielo
con él

Arriba
en el ramaje de nubes
estaré

warten oder aber
wissen

Wetten

esperando o
sabré

Qué te apuestas

:
Weihnachtswunsch

Bitte
schnell

Es muss
eine Herzzone her
für Pinguinbäuche

damit sie brüten
Güte brüten

überm Eis

:
Deseo navideño

Rápido
por favor

Que les den
un espacio cordial
a los vientres de pingüino

para que incuben
incuben el bien

sobre hielo

:
Abends

Faltet der Tag sein Licht zusammen
Krimskrams und Knitter als Staniol
wie Brote für Kinder
zum Schulanfang in die Tasche
legt sich alles wieder
in die Nacht zu
verschwinden

:
Por la tarde

Repliega su luz el día
trastos y arrugas como envoltorio
como bocatas en el bolsillo
al empezar el cole
se recoge todo
para desaparecer
en la noche

:
Noch

So lang
sich zu fassen
Dorn im Rücken
Pfeile an den Handgelenken
so lang
bis dich nichts mehr
aufspießt wenn
meine Fingerkuppen gegen
deinen Nacken drücken
bis die Worte heraus rollen wollen
die sagen komm her
so lang du
kannst

:
Todavía

Mientras
dominarse
espina clavada
flechas en las muñecas
mientras
hasta que ya nada
te ensarte cuando
mis yemas aprieten
tu cogote hasta que
quieran salir rodando las palabras
que dicen ven
mientras
puedas

:
Schweigen

Weil es leicht ging
ich habe nichts gemacht
ich habe dich nicht gefragt
sprich nicht von Liebe
zerdrück nicht das Licht
mit Worten weg
geht so schnell ein
Augenblick wie ein ausgesprochener
Satz von meinen Lippen verschwindet als
hätt es ihn nie gegeben
frag mich nicht
und leg dich zum Knick
dass das Helle durch den Riss dringt
ich habe nichts gemacht
weil es leicht ging

:
Silencio

Porque era fácil
no hice nada
no te pregunté
no hables de amor
no aplastes la luz
con palabras
pasa tan rápido
un instante como una frase
dicha por mis labios desaparece como
si no hubiese existido
no me preguntes
y tiéndete en la hendidura para que
salga lo claro por la grieta
no hice nada
porque era fácil

:
Erkenntnis

Deine Augen die Vögel:
stark wie der Tod ist die Liebe[1]

---

[1] Vgl.: Bibel, das Hohelied der Liebe

:
Descubrimiento

Tus ojos los pájaros:
fuerte como la muerte es el amor[1]

---
1 Cfr. La Biblia, Cantar de Cantares.

:
Schöpfung

Aus breiten
in die Zeit verstreut:

(und aus den Wunden
formte er Menschen)

:
Creación

Por extenso
disperso en el tiempo:

(y con las heridas
formó personas)

:
Erkenntnis

Wie soll das
denn einfach sein
wenn nicht

schwierig: niemand war
jemals

ich

:
Descubrimiento

Cómo iba a
ser fácil
sino siendo

difícil: nadie fue
jamás

yo

:
Frage

Nichts wird
wo etwas immer nur
ich sagt

Verzagt sein
Erwartungen erhängen
Wünsche abhacken

Neuwind Klingekind Asternart
Sanftheit erfinden

denn wer wenn nicht
wir

:
Pregunta

Nada crece
donde algo siempre sólo
dice yo

Ser pusilánime
colgar expectativas
truncar deseos

inventar viento nuevo niño cuchilla especie de ásteres
la ternura

pues quién sino
nosotros

**:
Aufbruch**

Aus Eis
wandere ich
und weiter

Hinter mir verschmutzter Schnee
vor mir zu einem Wolken Wasserfall
verformt so verwandelt sich
was wir im Rücken tragen

Ich wandere aus
Eis

:
Partida

Desde el hielo
camino y
más allá

Tras de mí nieve sucia
ante mí deformada en catarata
de nubes así se transforma
lo que llevamos a la espalda

Emigro
hielo

:
Kugelmensch

Du bist
der Knick zwischen Kinn und Brust
in den sich mein Riss schlafen legt

Trostspur zerrinnt
was bleibt ist
Zersprungenes im Hinterkopf
Nackendorn aus dem alten Atem gedrückt
und ins Rückgrat hinein

Innen umfasst
ohne Zeit
was heimgeht

:
Persona esférica

Eres
el pliegue entre barbilla y pecho
en que se echa a dormir mi grieta

El rastro de consuelo se disipa
lo que queda es
esquirlas en el cogote
púa del viejo aliento que se mete
hasta el espinazo

Dentro abarca
sin tiempo
lo que regresa

:
Sternenhimmel

Du mein Aufgeschautes
immer schon wie Kind umarmt

Kein Haar in der Milch
mehr gefunden wie gut

Und Nachts
die Dunkelheit in Wellen
überm Wald
als Atem
ohne Angst

:
Cielo estrellado

Alzo hacia ti la vista
siempre abrazado como niño

Ya ni un pelo en la leche
me encuentro qué bien

Y de noche
la oscuridad en olas
sobre el bosque
como aliento
sin miedo

:
Angebot

Hand an dich gelegt
werd ich wach: komm

wachs mit

:
Oferta

Con la mano en ti puesta
me despierto: venga

crece conmigo

:
Abschied

Liebevoll verknittert
die rote Decke
auf den Knien der Großmutter

Kommt nicht mehr
ruft die Erinnerung Namen
als hohle Formen zurück
schießen in den
Bauch ein
ohne Echo ausgetragen

Verschrumpelte
Hagebutten in die
Zitter Hand gedrückt die
ähnlich alt
sich auffaltet vor dir
die leg ich
sagt das Großmuttergesicht
an mein Grab

Dann rollen
so mal eben
die Worte weg es liegt
liebevoll verknittert
auf den Knien der Großmutter
die rote Decke

:
Despedida

Amorosamente arrugada
la manta roja
sobre las rodillas de la abuela

Ya no vuelve
el recuerdo evoca nombres
como formas vacías
disparan en
el vientre
consumados sin eco

Escaramujos
encogidos que la mano
igual de vieja
tiembla aprieta
se despliega ante ti
los pondré
dice el rostro de abuela
en mi tumba

Y entonces
se escabullen
las palabras queda
amorosamente arrugada
sobre las rodillas de la abuela
la manta roja

:
Dauer

Dornen
und Pfeile.
und Sonne hängt
als Licht hinterm
Geäst:

Frag ruhig die
Ewigkeit aus sie sagt
immer nur

ja

:
Duración

Espinas
y flechas.
y el sol colgando
como luz tras
el ramaje:

pregúntale a la
eternidad
siempre dice

que sí

:
nachkommen
nacktkommen

benommen sein

vom verlust der
gesunden

grenze

:
sumarse
desnudarse

aturdidos

por la pérdida
del sano

límite

:
fazit
in die liebe gekrallt:
falsch gemacht

:
conclusión
aferrada al amor:
mal hecho

:
der tod
steht im zimmer
und will
getröstet

werden

:
la muerte
está en la sala
y sólo quiere

consuelo

:
wir sind die papierdrachen
die rotierenden toten

bewusstsein im vogelflug
so ist das licht

spricht deine namen aus
buchstabiert sie als blätter rauschen

auf den ahnungslosen rücken
einer frau die einen kinderwagen
schiebt:

wir

:
nosotros somos las cometas
los muertos giratorios

conciencia a vuelo de pájaro
así es la luz

pronuncia tus nombres
los deletrea como chasquido de hojas

sobre la espalda desprevenida
de una mujer que empuja
un cochecito:

nosotros

:
die erde dreht sich
schneller wenn laub

von den bäumen
fällt hast du gelesen

der sturzflug
der vögel stoppt

die rotation ab
das blühen der

knospen bewegt
innen ähnlich

ehrlich dreht
sich im frühlings

wind alles
schneller: herz

purzel
baum

:
la tierra gira
más rápido cuando caen

de los árboles
las hojas lo leíste

el vuelo en picado
de los pájaros detiene

la rotación
los capullos florecen

igual que ellos
por dentro

de verdad con el viento
de primavera

gira todo
más rápido: corazón

volte
reta

:
sonnenbrände sommerränder
auf der erinnerung haut

hoffnung wir läuten
deinen laut ein: ohne

worte

:
quemaduras ribetes del verano
en el recuerdo piel

esperanza anunciamos
tu sonido: sin

palabras

                    :
            das gespaltene
              kind: wie

           wasser umfliesst
           es den stein seiner
           verzweiflung: ein
                  riss der

          verdoppelt: von allen
          guten dingen (augen
           lippe ohr) gibt es

            mindestens zwei
                nein wer

             findet es wieder
              das zerteilte

                   kind

                  zweier
                 alleiner
                  keiner

:
el niño
dividido: como

agua baña
la piedra de su
desesperación: una
grieta que

dobla: todas las
cosas buenas (ojo
labio oreja) son

como mínimo dos
no quién

lo vuelve a encontrar
el niño

partido

por dos
uno
ninguno

:
lästerndes vogelgezwitscher
spielt mit uns zaumzeug

am morgen das
blumen rosten: rotes verblüht

geköpfte gräser und
beengende gegenstände aus luft

die blätterhauben der äste
brechen vor uns ab: wir lassen
alte träume (lasten) als
drachen auf steigen

hoffnung heißt
einen frosch aus plüsch in den
baum hängen der kein

prinz wird
und dann

weiter gehen

:
el gorjeo blasfemo de los pájaros
juega por la mañana con nosotros

a aparejos que oxidan
las flores: lo rojo se marchita

hierbas decapitadas y
objetos de aire opresivos

los tocados de hojas de las ramas
se quiebran ante nosotros: hacemos
que se eleven viejos sueños (cargas)
como cometas

la esperanza significa
colgar en el árbol una rana
de peluche que no

se convertirá
en príncipe y

seguir adelante

:
wir wurden betrogen

die einen fließen fort wie wasser
die andern verhärten sich

manche machen sich flach wie luft
manche rufen

hin und wieder gab es welche
die haben auch gesungen
sie sind jetzt verstummt

andere fallen
aus oder lernen sich
auswendig
sagen sich lautlos auf
wie im schulunterricht
sonst nichts

wir wurden
um uns selbst
betrogen

:
nos han estafado

los unos se desparraman como el agua
los otros se endurecen

algunos se vuelven planos como el aire
algunos gritan

a veces también los hubo
que cantaron
ahora han enmudecido

otros se
caen o se aprenden
de memoria
se recitan sin sonido
como en la escuela
nada más

nos han
estafado
lo que somos

                              :
              rauch meine haut
              rauch mein haar
       meine flügel rauch trink
              mich aus der erde
              rede mich der erde
                            aus

            :
       fuma mi piel
      fuma mi pelo
  mis alas fuma bébe-
     me de la tierra
    háblame sácame
       de la tierra

:
die dämmerung in ihren sandalen
hast du heraus geschält
so nebenher
sie bemerkte die blicke erst
in der mitte des tages

wann ist eine liebe
zu spät

:
el crepúsculo con sus sandalias
has puesto de relieve
dicho sea de paso
notó las miradas sólo
a mitad del día

cuándo llega demasiado tarde
un amor

:
der muttermüll liegt in einer
verstrahlten gegend ist

zwischen windräder gestreut
der vatermüll liest

aus zigarettenstummeln und
bierdosenmustern eine

gutenachtgeschichte vor
kann eine landschaft sterben

fragt das kind während das
feuer in deine gesichtsecken

laken aus schmerz brennt
die antwort ist: ende

:
la basura materna queda en una
zona radiactiva está

esparcida entre turbinas eólicas
la basura paterna lee

a partir de colillas y
muestras de latas de cerveza un

cuento para dormir
puede morir un paisaje

pregunta el niño mientras el
fuego quema en las esquinas de tu rostro

sábanas de dolor
la respuesta es: fin

:
ein haus in das kein regen fällt
ein kind das seinen reigen tanzt
weil das dunkel keine wände hält
den rhythmus des windes stanzen:

innen

:
una casa que no moja la lluvia
un niño al que le encanta el bailoteo
como la oscuridad no aguanta muros
estampemos el ritmo de los vientos:

dentro

:
aus der schale der nacht
rinnt die zeit du hast kein maß
an ihr genommen seit diese
augen die meine waren ganz
fremd

willst du es wissen: ich
schlafe allein

:
de la cáscara de la noche
chorrea el tiempo no le has tomado
la medida desde que estos
ojos eran los míos del todo
extraños

quieres saberlo: yo
duermo sola

:
Ratschlag

Halte dich
in offene
Armklammern gefaltet:

Hier ist alles
zu langsam
oder zu schnell
für die Angst

:
Consejo

Mantente
plegado
en llave abierta:

Aquí todo es
demasiado lento
o demasiado rápido
para el temor

:
Die Erfahrung

Liedgut SonnenLicht
gegen die Verzweiflung
geschirmt:

Suizid 1986
Licht 2015

Schreien leiden verzeihen

:
La experiencia

Cancionero LuzSolar
guarecido
contra el desánimo:

Suicidio 1986
Luz 2015

Gritar sufrir perdonar

:
Güte

Geruhsam werden
wie Wunsch jedes Jahr
ein älteres Gesicht als Schmerz
Falte so zart deine
Herzfratze im Arm halten
absichtslos unachtsam
Fallengelassenes aufheben
sagen: macht
nichts

:
Bondad

Volverse sosegada
como deseo cada año
un rostro más mayor como dolor
tan tierna arruga tomar
en brazos tu careto corazón
sin querer distraída
recoger lo caído
decir: no pasa
nada

:
An ein Opfer

Sonde
Schläferin

Schlüsselloch mit Händen
hochgehalten im Pistolenzustand:
die Glocken deiner Brüste

:
A una víctima

Sonda
durmiente

ojo de cerradura con las manos
arriba en estado pistolero:
las campanas de tus pechos

:
Altlasten

Dein Auge das Schlüsselloch
in der Erinnerung umgedreht
Requiem deiner Kinderblicke
and how easy it was to kill:
Krankheit Käfer, Käfersucht

:
Residuos

Tu ojo el de cerradura
girado en el recuerdo
réquiem de tus miradas infantiles
and how easy it was to kill:
el mal de escarabajo, su adicción

:
Prozess

Wie Mutter und Kind:
Wind wiegt den Baum
wieder & wieder
ins Blau

(Jemand
wird gütig)

:
Proceso

Como madre e hijo:
el viento mece el árbol
una vez & otra vez
en lo azul

(Alguien
se vuelve bondadoso)

:
der Besitz

Schädel an Stacheln
aus Draht gebaute Haut

Hirn hängt
baumelt von der Decke
deren Stuck du doch so schön
renoviert hast

Deine Hände
haben mich in deine Wände
geschraubt da darf ich
schön sein und traurig
schauen *that's all now*

Schädel an Stacheln
aus Draht gebaute Haut

:
La posesión

Cráneos sobre púas
piel hecha de alambradas

El cerebro que cuelga
columpiado del techo
cuyo estuco tan bello has
restaurado

Tus manos
me han sujetado a tus
muros donde puedo
ser bella y mirar
lánguida *that's all now*

Cráneos sobre púas
piel hecha de alambradas

:
Momentaufnahme

Trichterwinde: deine Hände
als Pflanze

in meinem Haar

:
Instantánea

Vientos de cráter: como planta
tus manos

en mi pelo

:
Utopie

Die Pferde gehen aufrecht
die Blumen haben Augen
und wir wachsen aus Wasser:
Wurzelhände

:
Utopía

Los caballos erguidos
las flores con dos ojos
y brotamos del agua:
manos-raíces

:
weitergehen

Immer von null auf
Zimmer mit Ausblick

Menschen versprechen
Menschen brechen

Menschen

:
continuar

Siempre de cero a
habitación con vistas

prometer personas
romper personas

personas

:
schwarzdorn mit schlehen
umrankt mein geschlecht ein
schartiges geflecht damals hatten
frauen noch haare unter den
achseln sagst

du

:
espina negra con endrina
enrama mi sexo una
malla mellada las mujeres entonces
aún tenían pelo en las
axilas dices

tú

:
magnethimmel
sonnenmigräne et
cetera

dein mund das
maß des glücks:

lichtmesz

:
cielo magnético
migraña solar et
cétera

tu boca la
medida de la dicha:

Candelaria

:
melismen des regens
trommeln gegen dein ohr
wie gegen das hirn das herz

ein körper der die klänge
übersetzt ohne zu wissen:

bass der böen
dein atem takt

:
melismas de la lluvia
tamborilean en tu oído
como el corazón en el cerebro

un cuerpo que traduce
los sonidos sin saber:

bajo de ráfagas
tu aliento el compás

:
litze des laubs
liebe des auges
spitze des schnabels
ast gabels abenteuer
fallender blätter
hell halt der vogel
im herbst

:
cordón del follaje
amor del ojo
punta del pico
rama de horquilla aventuras
de hojas desprendidas
claro apoyo el pájaro
en otoño

                :
beere um beere auf der esche rot zu blut gerinnt
    erde um erde sich auf erde legt

        werden und kerben
        kerben und werden

:
baya tras baya en el fresno rojo exuda sangre
tierra tras tierra se tiende en la tierra

resultar y talar
talar y resultar

:
Beziehungsversuche

Ich kleine Gehweg
du kleiner Kommher

(Mit wie wenig
Liebe wir aus
kommen ist doch
erstaunlich)

:
Intentos de relación

Yo pequeña lárgate
tú pequeño ven

(Es asombroso
con qué poco
amor nos
apañamos)

:
Abschied

Ohne mich wird Frühling sein
wirst du diese Sterne zählen
und ein Kind die Geige spielen
und ein Kind sein Skateboard zähmen

Ohne mich wird Frühling sein
werden auf den höchsten Bergen
diese zarten Blumen wachsen
und ein Traum sein Schloss aufblasen
so wie jedes Jahr

Ohne mich wird Frühling sein
andre haben ihre Lieder
andre wiegen ihre Kinder
ohne mich wird Frühling sein

Frühling wird es ohne mich
nur du nimm mich bitte innen
an der Hand und lach dem Frühling
ins Gesicht

ohne mich

:
Despedida

Sin mí será primavera
contarás estas estrellas
tocará el violín un niño
y otro domará su *skate*

Sin mí será primavera
en las más altas montañas
crecerán las tiernas flores
e inflará el castillo un sueño
como todos los años

Sin mí será primavera
otros tienen sus canciones
otros mecen a sus niños
sin mí será primavera

Es primavera sin mí
por favor llévame dentro
de la mano y ríele
a la primavera a la cara

sin mí

:
Zustand

Aus Vorhang und Bleiben
gedreht der Tag:
wie eine Katze
hingeklebt ans Fenster
hinterm Balkon

:
Estado

Fin telón y quedarse
dado la vuelta el día:
como un gato
pegado a la ventana
tras el balcón

:
Ohnmacht

Wie alles
zu so wenig
zusammen schrumpft
in der Erschöpfung:

Tisch, Stuhl, ich und
nichts

:
Impotencia

Cómo todo
se encoge a
tan poco en
el agotamiento:

mesa, silla, yo y
nada

:
die Frau des Malers

Die Frau des Malers und früher war sie blond schön blöd
jetzt bemalt sie in seinem Atelier
glasgeblasenen Christbaumschmuck mit Goldrand das sei ihre
    Kunst
die Eiszapfen liebt sie besonders und das Einhorn mit seiner
    gedrehten Spitze
aus Silber

Die Engelchen klein wie Nüsse Porzellan in deiner Hand
die Frau des Malers hat aufgeplusterte Lippen u sind nicht wahr
da könnte jeder hinein stechen mit einer Nadel u im
    vorübergehen
auch die Nase nicht richtig die brüste quetschen sich
    gegeneinander wenn sie ihren
mageren körper verbiegt über der Schachtel des
    Christbaumschmucks

Die Frau des Malers wiegt zapfen aus Porzellan kleine Phalli
u deren goldig eingetunkte Spitzen
wiegt Weihnachtsmänner mit Zapfenbärten
wiegt Engelszapfen
Nacktzapfen
Zuckerkinder
in ihrer hohlen Hand sagt
früher war ich blond wie du schön blöd was
/ja/ du willst

:
la mujer del pintor

La mujer del pintor que era antes rubia bella tonta
pinta ahora en el estudio de él
adornos navideños de cristal con bordes dorados ése es su
    arte
le gustan sobre todo los carámbanos y el unicornio con su
    punta enroscada
de plata

Los angelitos pequeños como nueces porcelana en tus manos
la mujer del pintor tiene labios hinchados y no son verdad
cualquiera podría pincharlos con una aguja y al
    pasar
tampoco la nariz es auténtica los pechos se estrujan cuando
    inclina
su cuerpo flaco sobre la caja de
    adornos navideños

La mujer del pintor pesa tapones de porcelana pequeños falos
y sus puntas bañadas en oro
pesa Papás Noel con barbas de carámbano
pesa tapones de ángeles
tapones desnudos
niños de azúcar
en sus manos vacías dice
antes yo era rubia como tú bella tonta qué
/sí/ quieres

das Schwarze aus ihrem Gesicht wischen aber es ist
nicht wirklich da
da ist
nichts nur Porzellan
als verhinderte Kindheit
in einer tätowiten
Faust

limpiarle lo negro de la cara pero no está
realmente ahí
ahí no hay
nada sólo porcelana
como infancia impedida
en un puño
tatuado

: Kompensation

Er wolle eine Semmel
da hinein Wurst
und einen Blatt Gouda
und ein Gurkerl

Nein die Semmel
solle ein Kornspitz sein
die Wurst nicht Extra sondern Pute
ja er mit seiner extraWurst
nicht wahr

Sie bringt alles
brav fragt nicht
ob er bezahlen
möchte und

betrachtet ihn lang
beim Auspacken
beim Ausatmen
beim Kauen

dabei wiegt sie
unwissend
das Trauma
einer zergangenen

:
Compensación

Quería un panecillo
con salchichón dentro
y una loncha de Gouda
y un pepinillo

No el panecillo
que sea de centeno
el salchichón de pavo
él siempre quiere algo especial
verdad

Ella le trae todo
dócil no pregunta
si él querría
pagar y

se queda observándolo
al desenvolver
al respirar
al masticar

mientras pesa al hacerlo
sin saberlo
el trauma
de una infancia

Kindheit in ihrem
Blick

Was bleibt ist
zerknülltes
Papier

deshecha en
la mirada

Lo que queda es
papel
arrugado

:
parallel

Die Soldaten in Israel
schlagen Kinder
die sich anpissen
ankacken
liest du und
vor dir schläft ein
Obdachloser ein
in der Bahn

Sein Knie ist weich
als du die Hand darauf legst
sagst Endstation

Die Falsche,
antwortet er
mit schläfrigem Blick
gelassen
und lächelt

:
simultáneo

En Israel los soldados
golpean a niños
que se mean
y cagan
lees y ante ti
se duerme
un sin techo
en el tren

Su rodilla es blanda
cuando la tocas con la mano
dices última parada

No es la mía,
responde él
con mirada soñolienta
sereno
y sonríe

:
Begegnung

Der Obdachlose
sitzt mit einem Plastikbecher
an einer Angel befestigt
da

Über dem Becher baumelt
ein Schnuller er hat
Bart und Hut und lacht
dir nach wie auch du
lachst

Kein Geld
macht Liebe

:
Encuentro

El sin techo
sentado con un vaso de plástico
sujeto a una caña
de pescar

Sobre el vaso se balancea
un chupete él lleva
barba y sombrero y se ríe
al verte igual que tú
te ríes

El dinero
no da amor

:
Entwicklung

Keim um Keim
heimgehen

Wie eine Bedrohung
schonungslos
ineinander
aufgehen:

gehen

:
Evolución

Regresar
germen a germen

Ser absorbidos
mutua
inexorablemente
como una amenaza:

avanzar

:
Erkenntnis

Ich glaube du liebst mich
nie blieb
ein du von mir ohne Antwort nie
schrieb ich nie rief
ich ins Leere
ich liebe mich nicht

Ich glaube du liebst mich
du trugst die Güte nach Außen
um Augen und Mund deine Hände
sprachen ohne Worte takten die
Tage zwanglos
zerflogene Stunden
ich liebe mich nicht

Ich glaube du liebst mich
ich werde mich lernen
ich werde dich hüten
vor mir und werde mich hüten
und werde die Güte
aus deinen Augen klauben

Ich glaube du liebst mich

:
Descubrimiento

Yo creo que me quieres
nunca un tú
mío quedó sin respuesta nunca
escribí nunca grité
en el vacío
que no me quiero

Yo creo que me quieres
llevabas la bondad por fuera
en torno a ojos y boca tus manos
hablaban sin palabras marcan
desenvueltas los días
horas perdidas
yo no me quiero

Yo creo que me quieres
me aprenderé
te protegeré
de mí y me protegeré
y arrancaré
la bondad de tus ojos

Yo creo que me quieres

:
als wär jedes licht
am rande der straße
ein brief den die liebe
der großmutter mir
schrieb: neig dich
beug dich

als wär jede wolke
jede ermattung der füße
auf zu langen reise
programmen ein ruf
aus dem garten der
kindheit: bück dich
treu dich
freu dich

wie du läufst und fällst
wie du fällst und aufstehst
wie du auf gehst
sprungfedern an den sohlen
geflügelte ohren
lohendes schulterblatt

trau dich
fall und ich
halt dich

:
como si cada luz
al borde de la calle fuera
una carta escrita
por el amor
de la abuela: inclínate
doblégate

como si cada nube
cada cansancio de los pies
en programas de viaje
interminables fuera
una llamada desde el jardín
de la infancia: agáchate
noblégate
alégrate

cómo corres y caes
y después te levantas
cómo avanzas erguido
con muelles en las suelas
con orejas aladas
el omóplato en llamas

atrévete
cae que yo
te sostengo

:
Illusion

Eben noch
war es leicht

Jetzt sind die Ringe
unter den Augen blaue

Flecken die dir jemand
aus dem Blick gehauen

hat wie du da sitzt
blau Augen Eule
enttäuscht weil du

dich getäuscht hast
in der Beschwingtheit des

Windes

:
Ilusión

Hace un momento
era fácil

Ahora los círculos
bajo los ojos son manchas

azules que alguien te ha
sacado de la mirada

mientras estás ahí sentado
ojos azules lechuza
decepcionado porque

te equivocaste
en la viveza del

viento

:
Erkenntnis

Viele sprachen
von Liebe

Er aber
hielt mich

im Liegen
so einfach: ich vergass
dass ich

blieb

:
Descubrimiento

Muchos hablaron
de amor

Él en cambio
me sostuvo

tendida
sin más: olvidé
que ahí

seguía

:
Tatsachen

Die Schauspiellehrer mit ihren
knopfäugigen Küken Schülerinnen

Die erfolgreichen Maler mit ihren
weihnachtsschmuckglacierenden Hausfrauen

Die Psychotherapeuten mit ihren
perfekt geschminkten ehemaligen Klientinnen

Die Frauen
mit ihren blanken leeren Wohnungen
mit ihren teuren immer zu engen Kleidern
mit ihren sonnig depressiven Balkonen
mit ihren ervögelten Karrieren ihren ervögelten Träumen
mit ihren heulenden Kindern
mit ihrer Herzensanorexie

:
Hechos

Los profesores de teatro con sus
polluelas alumnas de ojitos brillantes

Los pintores de éxito con sus
amas de casa que esmaltan adornos navideños

Los psicoterapeutas con sus
antiguas clientes perfectamente maquilladas

Las mujeres
con sus pisos vacíos relucientes
con sus vestidos caros siempre demasiado estrechos
con sus balcones soleadamente depresivos
con sus carreras y sueños conquistados polvo a polvo
con sus niños llorosos
con su anorexia del corazón

:
geheime Einsamkeit

Es ist eine Lüge ich weiß
dass da jemand anderer wäre

Sie spielen mit Masken
oder schlafen zu lang
wenn sie aufwachen bist du
über diesen Abgrund gegangen keiner
kann dich mehr finden

Flügelfusskind

:
soledad secreta

Es mentira lo sé
que haya ahí otra persona

Juegan con máscaras
o duermen hasta tarde
cuando despiertan tú
has cruzado este abismo nadie
puede encontrarte ya

tus pies alados

:
Freiheit

Frag nicht wo ich bin
ich sag dir die Liebhaber zählen
meine Schamhaare ich muss immer weiter
ziehen von einem zum anderen

Ich traue keinem
und wenn einer einschläft
und wenn einer eines übersieht
oder mir schmeicheln will und die Anzahl verändert?
Man bezahlt für Vertrauen
mit Lebenszeit

Jetzt bist du an der Reihe
wenn du willst dass ich bleibe dann
frag mich nicht
wo ich bin

:
Libertad

No preguntes dónde estoy
créeme los amantes cuentan
mis pelos púbicos siempre tengo que estar
pasando de uno a otro

No confío en ninguno
¿y si uno se duerme
y si uno se salta uno
o quiere halagarme y cambia el número?
La confianza se paga
de por vida

Ahora te toca a ti
si quieres que dure
no me preguntes
dónde estoy

:
Umkehr

Sich weggsperrt
sich zum Wind gelegt
sich ausgekreist
sich eingerollt
sich in die stille gestreut
sich dem Schnee geopfert

Weggeschmolzen
ausgemergelt
umgedreht

:
Vuelta

Encerrarse
exponerse al viento
destilarse
enrollarse
esparcirse en la calma
sacrificarse a la nieve

Fundida
esquilmada
dada la vuelta

:
Fortschritt

Sie sprachen von Fortschritt:
früher war es das Kreuz
heute ist es der Container in der wüste

Sie sprachen von Fortschritt:
früher scherte man Haare
heute schert man Menschen

Sie sprachen von Fortschritt:
früher war es der Krieger
heute ist es die Biopolitik

Sie sprachen von Fortschritt:
heute bleibt ein riss
wo früher ein falscher Gott saß

Sie sprachen von Fortschritt:
heute sei es die Pille
gegen den Kummer aus Liebe

:
Progreso

Hablaban de progreso:
antes era la cruz
hoy el contenedor en el desierto

Hablaban de progreso:
antes se cortaba el pelo
hoy seres humanos

Hablaban de progreso:
antes era el guerrero
hoy es la biopolítica

Hablaban de progreso:
hoy queda una grieta
donde antes había un falso dios

Hablaban de progreso:
hoy sería la píldora
contra la pena de amor

:
Verlust

Wann wohl diese Spur
vernarben wird
zwischen Erde und Mensch
zwischen ich und du

Und seltsam
dass dein Körper
schon unter der Erde liegt
während in diesen Raum noch
dasselbe Licht steigt
wie gestern

Ich frage die Zeit aus
sie weiß keine Antwort

Schließlich spricht
meine Stille
ein Wort:

Man muss
sich schon trauen
zu trauern

:
Pérdida

Cuándo
cicatrizará este rastro
entre el ser humano y la tierra
entre tú y yo

Y qué extraño
que tu cuerpo
yazca ya bajo tierra
mientras en este cuarto sigue
ascendiendo la misma
luz que ayer

Interrogo al tiempo
que no tiene respuesta

Al final
mi silencio
dice algo:

No temas
lanzarte a
llorar

:
Unschuld

Ich sage ich habe nichts mehr
zu verlieren und meine damit:
Pass auf dich auf

Was sollen die Worte
wisse du bist tiefer
als diese Wut wisse das Wesen

der Liebe kennt keine Grenzen
und sprengt jeden Raum
das ist kitschig *i know*

Ich will damit sagen:
pass auf dich auf
was sollen die Worte
ich dachte ich habe
nichts mehr
zu verlieren

:
Inocencia

Digo que ya no tengo nada
que perder y significa:
Cuídate

De qué sirven las palabras
sabe que eres más profundo
que esta rabia sabe que la esencia

del amor no conoce límites
y revienta todo espacio
una cursilada *i know*

Lo que quiero decir es:
cuídate
de qué sirven las palabras
pensaba que ya no
tengo nada
que perder

:
Begegnung

Du du
bist Hoffnungs Kuppe bist

mein unversautes
ich

:
Encuentro

Tú tú
eres la cima de la esperanza eres

mi más impoluto
yo

:
Reife

Sie waren noch alle da
im Park meiner Kindheit
in dem ich spazieren ging:

Der zerbombte Löwe des Krieges aus Stein
mein Reittier besserer Zeiten
der verborgene Teich hinterm Gitter in dem meine
geheime Prinzessin lebte
und vor der Autobahn die grauweiße Sphinx
zwinkernd wie damals
und wieder sah das
nur ich

Als wäre die Zeit
nicht verstrichen lief ich
in der Magie alter Erinnerung
und rief die Elfen
zurück

Sie schimmerten
als Sonnenlicht
heimlich
durch die Strukturen
der Blätter

:
Madurez

Seguían todos allí
en el parque de mi infancia
al que iba a pasear:

El león de piedra bombardeado por la guerra
mi cabalgadura de mejores tiempos
el estanque oculto tras la reja en que vivía
mi princesa secreta
y frente a la autopista la esfinge grisácea
pestañeando como entonces
y otra vez era yo sola
la que lo veía

Como si el tiempo
no hubiera pasado crucé
por la magia del viejo recuerdo
evocando
a los elfos

Relucían
en secreto
como luz solar
entre las estructuras
de las hojas

Häng dein Herz
nicht an Menschen
sagten sie
Vergiss diese Weltkriege

Der Baum ist ein Tröster
der Löwe braucht keinen Kopf
die Wasser klingen
und singen von einer Prinzessin
die keiner je gesehen hat
macht nix

Als ich zurück
in mein Zimmer
weiß ich: es fliegt
über Autobahnabgründen
immer noch
die verschmitzte Sphinx

Wir müssen nun mal
alt werden
um wieder in Ruhe

zu spielen

No sometas tu corazón
a las personas
decían
Olvida estas guerras mundiales

El árbol consuela
el león no necesita una cabeza
las aguas suenan
y cantan sobre una princesa
que nadie ha visto jamás
no importa

De vuelta
en mi habitación
sé: sobre los
abismos de autopista
sigue volando
la pícara esfinge

Tenemos que
hacernos mayores
para volver a jugar

en calma

:
Wofür

Einatmen und ausatmen und
hin und wieder wiegt dich wer

Luftholen und schmerz fühlen
und Herz leeren und weiter gehen

Werden sterben
ritzen kerben
hinfallen aufstehen sehen

Sehnen und enttäuscht sein
und nehmen und geben
und jemanden wiegen denn

hin und wieder
wiegt dich wer

:
Para qué

Aspirar y espirar y
de vez en cuando te mece alguien

Tomar aire y sentir dolor
y vaciar el corazón y seguir adelante

Crecer morir
rasgar talar
caer levantarse ver

Añorar y quedar decepcionada
y tomar y dar
y mecer a alguien y es que

de vez en cuando
te mece alguien

:
past life

Sah
in einem Fenster
den Dinosaurier
meiner Kindheit
zu spät
wieder

Er war
hinter Glas
nur noch aus
Gummi

:
past life

Volví a ver
en una ventana
al dinosaurio
de mi infancia
demasiado
tarde

Detrás
del cristal
ya sólo era
de goma

:
Fragestellung und Antwort

Aschenhimmel:
Falter umarm
das Unergründliche
in uns

**:
Pregunta y respuesta**

Cielo de ceniza:
abraza mariposa
lo insondable
en nosotros

:
Epilog

Leeres Grab
gewogenes herz[2]

Der Lebensfaden wurde
zerschnitten: uns schnitzt
/du weißt/ die Zeit

---
2 Vgl. Walter Benjamin

:
Epílogo

Tumba vacía
corazón mecido[2]

El hilo de la vida
fue cortado: el tiempo
/ya sabes/ nos talla

---
2 Cfr. Walter Benjamin.

:
Prolog

So machen wir weiter
Zittertiere
biss dass ein
gewogenes Herz im
leeren Grab

steh auf,
Knitterkindchen,
leg dich
zu den Wunden
und kling

:
Prólogo

Y así seguimos
animales temblorosos
hasta que un
corazón mecido en la
tumba vacía

levántate,
criaturita arrugada,
túmbate
con las heridas
y suena

:
Leerstellen

Damit du nicht
verlernst zu
fallen hat Gott
keine Welt je
zu Ende gebaut

Luftleerer Raum
zwischen Atomen
Hügel aus Stille
in den Atem Takt
gepackt

Damit du nicht
verlernst zu

fallen

:
Espacios en blanco

Para que no
se te olvide
caer Dios nunca
construyó
del todo un mundo

Espacio vacío
entre átomos
colinas de silencio
compás envasado
en el aliento

Para que no
se te olvide

caer

:
Kindheitserinnerung

Du hast den kleinen
Spielzeug Clown der
Cousine gestohlen

Jetzt zieht er
zusammen gerollt in
deiner Kinderhand
dich zu Boden

Schuld
kommt meist
um Jahre
zu spät

:
Recuerdo de infancia

Robaste el pequeño
payaso de juguete
de la prima

Enrollado en
tu mano de niña
te tira ahora
al suelo

La culpa
suele llegar
con años
de retraso

:
Kassandra

Eine Frau trägt
die Welt am Buckel

ist wahlweise
Schildkrötenmädchen
oder uralter Wal
ewig schwanger ohne
Niederkunft

Eine Frau ist
Zittergras und Zitronenfalter gegen die Angst
fauchendes Meer um die Furcht zu löschen
Tropfen Lied unserer Tränen
und Opfer

Die spielenden Blätter Schoten
sie wissen man kann
keinen Ozean in ein Wasser fassen
solange man ich sagt

Es ging ein
kleiner Mann aus Salz schwimmen
und kam nicht mehr
als er das Meer kannte

:
Casandra

Una mujer lleva
el mundo a cuestas

es a elegir
chica tortuga
o ballena antiquísima
embarazada perpetua
que no alumbra

Una mujer es
hierba temblorosa y mariposa limón contra la angustia
mar rugiente para extinguir el miedo
gota canción de nuestros párpados
y víctima

Las hojas juguetonas vainas
saben que no se puede
atrapar un océano en agua
mientras se diga yo

Un hombre pequeño
de sal salió a nadar
y no volvió
tras conocer el mar

Kassandra
man hat ihre Ränder verbrannt
Opfer

Casandra
quemaron sus márgenes
víctima

:
die kursivschrift des kornfelds
sonnen strahlen stenographie

:
la cursiva del campo de trigo
soles fulgores estenografía

:
frag mich nicht wo das licht
ist und leg es zum wort:

dichter dichten im dunkel

:
no me preguntes dónde
está la luz y hazla palabra:

condensando su hondura en lo oscuro

:
du stummes land
eine nacht hat viele lichter
zwischen banhof und bahnhof
wenn wir halte stellen
los

wenn wir halte
stellen los lassen
macht sich die stumme
zeit auf zwischen bahnhof
und bahnhof: kling ohr
kling

es gibt nur ein herz fürs
hören die tönenden lohen
sie gehen verloren
zwischen bahnhof und
bahnhof

:
tú tierra muda
una noche tiene muchas luces
entre estación y estación
cuando para damos
sueltas

cuando solta
mos paradas
se despliega el tiempo
mudo entre estación
y estación: suena oído
suena

sólo hay un corazón para escuchar
las llamas resonantes
que se pierden
entre estación y
estación

:
ich bin ein flächenbrand ohne ränder
man band mir die hände ab

die gewänder der augen
schraubten sich fest

abschaben und beschiffen
ich stand in der bauchdeckee
der offenen ohnmacht und höhlte
die fracht ausm hintersten heraus

da wo hoffnung nistet
wo sich das offene nicht mehr
staut

scheiß in die tage geschmiert sein

:
soy un incendio sin bordes
me desataron las manos

los vestidos de los ojos
se atornillaron

raspar y navegar
yo estaba en la pared abdominal
de la abierta impotencia y extraía
la carga del extremo

donde anida la esperanza
donde lo abierto ya no
se estanca

me cago en los días estar untada

:
änderling immer noch
unverändert wieder hier

wo du warst
das dazwischen:

weißt nicht mehr
alter anfang
tat sich schwer

wieder hier
tut sich mut

bist du alt
keine rahmen
für das herz

unverändert
immer noch:
ränderling

:
orillal todavía in-
alterado aquí de nuevo

donde estabas
el en medio:

ya no sabes
viejo comienzo
le costaba

aquí de nuevo
cobra ánimo

eres viejo
sin marcos
para el corazón

inalterado
todavía:
orillal

:
ich habe gesucht
was sinn macht

ich habe gesucht
was unsinn hält

ich habe gefunden
dass ich nichts

finde dann ging
ich ohne hinterhalt
alt nach

innen

:
busqué
lo que tiene sentido

busqué
lo que sostiene el sinsentido

encontré
que nada encuentro

luego fui
sin reservas
mayor hacia

dentro

Índice

6 FRÜHLING SEIN
7 SER PRIMAVERA
Räumung 8
Desalojo 9
Hoffnung 10
Esperanza 11
Klarstellung 12
Aclaración 13
Paradigmenwechsel 14
Cambio de paradigma 15
Einer 16
Uno 17
Metamorphose 18
Metamorfosis 19
Weihnachtswunsch 22
Deseo navideño 23
Abends 24
Por la tarde 25
Noch 26
Todavía 27
Schweigen 28
Silencio 29
Erkenntnis 30
Descubrimiento 31

Schöpfung 32
Creación 33
Erkenntnis 34
Descubrimiento 35
Frage 36
Pregunta 37
Aufbruch 38
Partida 39
Kugelmensch 40
Persona esférica 41
Sternenhimmel 42
Cielo estrellado 43
Angebot 44
Oferta 45
Abschied 46
Despedida 47
Dauer 48
Duración 49
[*nachkommen...*] 50
[sumarse...] 51
[*fazit...*] 52
[conclusión...] 53
[*der tod...*] 54
[la muerte...] 55
[*wir sind die papierdrachen...*] 56
[nosotros somos las cometas...] 57
[*die erde dreht sich...*] 58
[la tierra gira...] 59

[*sonnenbrände sommerränder...*]   60
[quemaduras ribetes del verano...]   61
[*das gespaltene...*]   62
[el niño...]   63
[*lästerndes vogelgezwitscher...*]   64
[el gorjeo blasfemo de los pájaros...]   65
[*wir wurden betrogen...*]   66
[nos han estafado...]   67
[*rauch meine haut...*]   68
[fuma mi piel...]   69
[*die dämmerung in ihren sandalen...*]   70
[el crepúsculo con sus sandalias...]   71
[*der muttermüll liegt in einer...*]   72
[la basura materna queda en una...]   73
[*ein haus in das kein regen fällt...*]   74
[una casa que no moja la lluvia...]   75
[*aus der schale der nacht...*]   76
[de la cáscara de la noche...]   77
Ratschlag   78
Consejo   79
Die Erfahrung   80
La experiencia   81
Güte   82
Bondad   83
An ein Opfer   84
A una víctima   85
Altlasten   86
Residuos   87

Prozess 88
Proceso 89
der Besitz 90
la posesión 91
Momentaufnahme 92
Instantánea 93
Utopie 94
Utopía 95
weitergehen 96
continuar 97
[schwarzdorn mit schlehen...] 98
[*espina negra con endrina...*] 99
[magnethimmel...] 100
[cielo magnético...] 101
[*melismen des regens...*] 102
[melismas de la lluvia...] 103
[*litze des laubs...*] 104
[cordón del follaje...] 105
[*beere um beere auf der esche rot zu blut gerinnt...*] 106
[baya tras baya en el fresno rojo exuda sangre...] 107
Beziehungsversuche 108
Intentos de relación 109
Abschied 110
Despedida 111
Zustand 112
Estado 113
Ohnmacht 114
Impotencia 115

die Frau des Malers   116
la mujer del pintor   117
Kompensation   120
Compensación   121
parallel   124
simultáneo   125
Begegnung   126
Encuentro   127
Entwicklung   128
Evolución   129
Erkenntnis   130
Descubrimiento   131
[als wär jedes licht...]   132
[como si cada luz...]   133
Illusion   134
Ilusión   135
Erkenntnis   136
Descubrimiento   137
Tatsachen   138
Hechos   139
geheime Einsamkeit   140
soledad secreta   141
Freiheit   142
Libertad   143
Umkehr   144
Vuelta   145
Fortschritt   146
Progreso   147

Verlust 148
Pérdida 149
Unschuld 150
Inocencia 151
Begegnung 152
Encuentro 153
Reife 154
Madurez 155
Wofür 158
Para qué 159
past life 160
past life 161
Fragestellung und Antwort 162
Pregunta y respuesta 163
Epilog 164
Epílogo 165
Prolog 166
Prólogo 167
Leerstellen 168
Espacios en blanco 169
Kindheitserinnerung 170
Recuerdo de infancia 171
Kassandra 172
Casandra 173
[*die kursivschrift des kornfelds...*] 176
[la cursiva del campo de trigo...] 177
[*frag mich nicht wo das licht...*] 178
[no me preguntes dónde...] 179

[*du stummes land...*]   180
[tú tierra muda una noche...]   181
[*ich bin ein flächenbrand ohne ränder...*]   182
[soy un incendio sin bordes...]   183
[*ränderling immer noch...*]   184
[orillal todavía in-...]   185
[*ich habe gesucht...*]   186
[busqué...]   187

www.ingramcontent.com/pod-product-compliance
Lightning Source LLC
Chambersburg PA
CBHW031437160426
43195CB00010BB/767